Carine Buhmann

Wähen-Backstube

pronto

in der Edition Fona GmbH, CH-5600 Lenzburg
www.fona.ch
Verantwortlich für das Lektorat: Léonie Haefeli-Schmid
Gestaltung: Andrea Heimgartner, Zürich
Fotos: Quellennachweis beim Verlag
Lithos: Neue Schwitter AG, Allschwil
Druck und Bindung: Stalling, Oldenburg
ISBN 3-03780-655-9

Inhalt

Pikante Wähen

Süße Wähen

Verwendete Abkürzungen

EL = gestrichener Esslöffel
TL = gestrichener Teelöffel
dl = Deziliter
ml = Milliliter
Msp = Messerspitze

Wo nicht anders vermerkt, sind die Rezepte für 4 Personen berechnet.

Vorwort

Das Wort «Wäie» weckt bei mir Kindheitserinnerungen. Verständlich, denn Wäie gab es bei uns häufig zum Zvieri oder Znacht. Schon früh durfte ich beim Zubereiten mithelfen: Äpfel schälen, Teigboden einstechen, geriebene Nüsse großzügig auf den Teigboden verteilen, Eier und Rahm mit dem Schneebesen verrühren …

Besonders freuten wir Kinder uns auf die Kirschensaison, die im Baselbiet etwas länger dauert als anderswo. Natürlich liebten wir die sonnengereiften süßen Früchte über alles, aber auch der Kirschenstein hatte seinen Reiz. Mutter entsteinte die Kirschen nie, da sie ihrer Meinung nach den Teigboden zu stark aufweichen. Bei so vielen Steinen gab es für uns Kinder viel zu spucken und aus der Kirschenwäie wurde die Spuckwäie.

Mutters herrliche, saftige Fruchtwähen mit knusprigem Teigboden gehören zu den besten. Von ihr habe ich viele nützliche Tipps und Tricks erhalten. Während in meinem Elternhaus vor allem süße Fruchtwähen gebacken wurden, erprobte ich später auch immer wieder pikante Rezepte. Gerade beim spontanen Kombinieren entstehen die interessantesten Geschmacksnuancen.

Viel Vergnügen und guten Appetit!

Carine Buhmann

Die Schweiz – ein Land der Wähen

Die Franzosen haben ihre Quiche, die Italiener ihre Pizza, die Engländer ihre Pie, die Österreicher ihren Strudel … und wir Schweizer die Wähe. Ob es wohl in den anderen Ländern auch so viele Rezepte gibt? In der Tat kann der Teigboden mit fast allem belegt und mit einem Ei-Rahm-Guss übergossen und gebacken werden. Für Abwechslung sorgen die vielen Gemüse- und Fruchtsorten, aber auch aus der Kartoffel lassen sich würzige Wähen backen. Besonders herzhaft sind Käse- und Zwiebelwähen. Abgesehen von Speckwürfelchen im Spinat- und Zwiebelkuchen sind die meisten traditionellen Rezepte vegetarisch, d. h. sie werden ohne Fleisch und ohne Fisch zubereitet.

Je nach Region sprechen die Deutschschweizer von Wähe, Kuchen, Fladen oder Dünne; für die Romandie sind es Gâteaux, Tartes, Quiches. Gemeint ist aber immer das gleiche, nämlich knusprig gebackene Teigböden, belegt mit süßen oder pikanten Zutaten, frisch aus dem Ofen!

Wähen-Abc

Backform
Ideal zum Backen von Wähen sind dunkle Backformen, vorzugsweise mit Antihaft-Beschichtung. Weißblech leitet die Hitze schlecht, ebenso Formen aus Porzellan, Steingut oder Glas. Das Backblech immer gut einfetten.

Backen
Wähen werden in der unteren Hälfte oder auf der zweituntersten Schiene in den vorgeheizten Backofen eingeschoben. So kann der Teigboden gut durchbacken und er wird schön knusprig. Wähenblech stets auf einen Gitterrost stellen, damit die Hitze im Ofen zirkulieren kann. Die Temperatur nach Möglichkeit mit einem Backofen-Thermometer kontrollieren. Vor allem ältere Modelle heizen häufig zu schwach, auch bei modernen Geräten entspricht die gewählte Temperatur nicht immer der tatsächlichen Wärme im Ofen.

Blanc battu
Ein Frischkäse, der im Gegensatz zu Magerquark nicht entwässert wird. Er enthält deshalb mehr Molke, was ihm eine sämige Konsistenz gibt. Er eignet sich hervorragend für einen kalorienarmen Guss.

Blind backen
Teigboden ohne Inhalt vorbacken. So bleibt der Teig selbst bei eher flüssigem Belag und stark saftenden Früchten knusprig. Den ausgerollten Teig in das eingefettete Backblech legen, mit einer Gabel mehrmals einstechen. 15 bis 20 Minuten kühl stellen. Auf den Teigboden zuerst ein Backtrennpapier legen und dann die Form mit Hülsenfrüchten (Trockenerbsen, Linsen) oder mit Aprikosensteinen füllen oder mit einer kleineren Backform beschweren. Den Teigboden in der Mitte in den auf 200 °C vorgeheizten Backofen schieben, 10 bis 15 Minuten backen. Hülsenfrüchte oder Fruchtsteine oder Form und Papier entfernen.

Flüssigkeit

Viele Früchte und gewisse Gemüse geben beim Backen so viel Flüssigkeit ab, dass der Teigboden vor Nässe «geschützt» werden muss. Als Schutz eignen sich für süße Wähen geriebene Mandeln und Haselnüsse, fein zerkrümelter Zwieback, feine Haferfocken, Kokosnussflocken und fein verriebene Makronen aus Haselnüssen, Mandeln oder Kokosnuss, für pikante Wähen geriebener Käse, Paniermehl, Weizen- oder Haferkleie.

Früchte, gefrorene

Den Teigboden mit Nüssen usw. (siehe Flüssigkeit) bestreuen und die Früchte gefroren darauf verteilen. Ohne Guss rund 12 Minuten vorbacken. Die Fruchtmenge wegen dem Saft reduzieren und die Früchte nicht zu dicht nebeneinander legen.

Früchte gefrieren

Aprikosen- und Zwetschgenhälften, aber auch Beeren auf einem großen Backblech lose vorgefrieren und dann in Tiefkühlbeutel oder -boxen einfüllen. Auf diese Weise bilden sich keine Eiskristalle und die Früchte kleben nicht zusammen.

Guss

Ein Eierguss kann mit Mais- oder Kartoffelstärke oder Pfeilwurzelmehl (Marantamehl) gebunden werden.

Mehltype

Gibt den mittleren Mineralstoffgehalt in mg pro 100 g Mehl an. Mehltype 405 zum Beispiel hat einen mittleren Mineralstoffgehalt von 405 mg pro 100 g Mehl. Je höher der Ausmahlungsgrad (vollwertiger), desto mehr mineralstoffreiche Randschichten des Korns sind im Mehl enthalten.

Quark

In verschiedenen Fettstufen (Mager- bis Doppelrahmquark) erhältlich. Er ist reich an Milcheiweiß und hat einen hohen Wassergehalt. Je nach Milchfettanteil wird der Guss üppiger (cremiger, rahmhaltiger) oder leichter (fettärmer).

Vanille

Allround-Gewürz in der süßen Küche. Der Zusatz Bourbon (frühere Bezeichnung von La Réunion) steht für beste Qualität.

Vanille, Dosierung
1 Vanilleschote entspricht ½ Teelöffel Vanillepulver oder 1 Teelöffel Vanillezucker oder 3 Tropfen Vanille-Essenz.

Vanille-Essenz
Vanille-Essenz, die flüssige Variante, ist sehr konzentriert und muss sparsam verwendet werden.

Vanillepulver
Für Bourbon-Vanillepulver werden ganze Schoten nach einem speziellen Gärungs- und Trocknungsverfahren pulverisiert.

Vanillezucker
Vanillezucker besteht aus einer Mischung zerkleinerter Schoten und Zucker oder aus Vanilleextrakt und Zucker.

Vanillinzucker
Vanillin-Zucker dagegen ist ein synthetisches Produkt, das häufig aus Nelkenöl und Kumarin o.ä. gewonnen wird; es hat oft einen stark bitteren und ziemlich unangenehmen Geschmack.

Vollrohrzucker
Bei der Herstelllung von Vollrohrzucker wird das Zuckerrohr kalt gepresst und der Saft so eingedampft, dass beides, Zucker und Melasse, im Endprodukt enthalten ist. Brauner Zucker oder Rohrohrzucker wird entweder aus weißem Zucker hergestellt, dem nachträglich Melasse beigemischt wird, oder durch das Weglassen der letzten Raffinierungsstufe erreicht. Vollrohrzucker ist mineralstoffreich und enthält viele Vitamine.

Vorheizen
Wähen werden grundsätzlich immer in den vorgeheizten Backofen geschoben. Vorheizen mit Ober-/Unterhitze oder Umluft benötigt bei 200 °C 10 bis 15 Minuten.

Zitrusschalen
Für abgeriebene Zitronen- oder Orangenschale sollte man unbehandelte Früchte verwenden, da die Schalen von Zitrusfrüchten gesundheitlich nicht ganz unbedenkliche Oberflächenbehandlungsmittel enthalten.

Wähenteig

In unserer hektischen Zeit greift man gerne zum Fertigteig. Ganz bequem geht es mit einem ausgerollten Teig, der für gängige Blechgrößen erhältlich ist. Doch aufgepasst, diese Fertigteige sind fettreich (ungünstige, gehärtete Fette).

Die Herstellung von Wähenteig lohnt sich in jedem Fall; sie ist einfach, gelingt immer und benötigt wenig Zeit. Einzig für die anschließende Teigruhe im Kühlschrank braucht es Zeit, die kann man aber für andere Kochvorbereitungen, z. B. Gemüse putzen/rüsten nutzen.

Die Teigmenge reicht jeweils für ein rundes Backblech (28 cm Durchmesser). Für ein kleineres oder größeres Blech wird der Teig entsprechend dicker oder dünner ausgerollt. Für ein großes rechteckiges Backblech (30 cm x 40 cm) braucht es die doppelte Teigmenge und die doppelte Menge der Zutaten.

Den frisch zubereiteten Butterteig sollte man im Kühlschrank mindestens 30 bis 60 Minuten ruhen lassen. Man kann den Teig nach dem Zubereiten auch gleich ausrollen und in die eingefettete Form legen und so kühl stellen. Dies empfiehlt sich vor allem bei Vollkornteig.

Mürbeteig

Der klassische Mürbeteig wird mit Butter zubereitet, ersatzweise kann auch Reform-Pflanzenmargarine verwendet werden. Mit weniger Fett kommt der leichte Quark-Mürbeteig aus, bei dem die Buttermenge bis zu 70 % durch Quark ersetzt wird. Quark-Mürbeteig wird nicht brüchig und kann leicht ausgerollt werden. Für einen Mürbeteig sollten die Zutaten stets gekühlt sein, damit der Teig schön mürbe wird. Die abgewogene Buttermenge kurz in den Tiefkühler legen; die Butter entweder in kleine Stücke schneiden oder auf der Röstiraffel direkt zum Mehl reiben. Die Zutaten mit den Händen zu einem Teig zusammenfügen, nicht kneten. Wenn der Teig zu lange bearbeitet wird, schmilzt die Butter und der Teig beginnt fettig zu glänzen und wird ziemlich brüchig (brandig). Er lässt sich nur noch schwer formen und ausrollen. Das Backresultat ist ein zäher Teig. Um einen brandigen Teig zu retten, arbeitet man vorsichtig ein leicht aufgeschlagenes Eiweiß ein. Einen zu weichen Mürbeteig legt man nochmals 1 bis 2 Stunden in den Kühlschrank; auf keinen Fall zusätzliches Mehl einkneten, das würde den Teig ziemlich hart machen. Den ungebackenen Mürbeteig kann man in Klarsichtfolie einwickeln und so einige Tage im Kühlschrank aufbewahren. Das Backresultat wird nach meiner Erfahrung sogar besser, wenn der Mürbeteig einen Tag im Voraus zubereitet und gekühlt wird. Der Mürbeteig lässt sich auch gut während mehrerer Wochen gefrieren. Häufig findet man in Mürbeteig-Rezepten ein Ei oder ein Eigelb. Das im Ei enthaltene Lezithin ist ein natürlicher Emulgator und macht den Teig besonders mürbe. Ei ist aber nicht unbedingt erforderlich.

Klassischer Mürbeteig

200 g Weißmehl/Mehltype 405 oder
200 g Halbweißmehl/Mehltype 720
1 TL Salz
100 g kalte Butter
1 Freilandei
1–2 EL Wasser

Mehl und Salz in einer Schüssel mischen. Kalte Butter in kleine Stücke schneiden, mit dem Mehl zwischen den Fingern krümelig reiben. Ei und Wasser zugeben und rasch zu einem Teig zusammenfügen, nicht kneten. Zugedeckt mindestens 30 Minuten kühl stellen.

Klassischer Vollkorn-Mürbeteig

200 g Weizen- oder Dinkelvollkornmehl
1 TL Salz
100 g kalte Butter
1 Freilandei
4–5 EL Wasser

Mehl und Salz in einer Schüssel mischen. Kalte Butter in kleine Stücke schneiden, mit dem Mehl zwischen den Fingern krümelig reiben. Ei und Wasser beigeben und rasch zu einem Teig zusammenfügen, nicht kneten. Zugedeckt 1 Stunde kühl stellen.

Süßer Kokosnuss-Mürbeteig

150 g Halbweißmehl/Mehltype 720
50 g Kokosnussflocken
1 Msp Salz
100 g kalte Butter
2 EL Birnel/Birnendicksaft
1 Freilandei

Mehl, Kokosnussflocken und Salz in einer Schüssel mischen. Kalte Butter in kleine Stücke schneiden, mit dem Mehl zwischen den Fingern krümelig reiben. Birnel und Ei beigeben und rasch zu einem Teig zusammenfügen, nicht kneten. Zugedeckt 1 Stunde kühl stellen.

Quark-Mürbeteig

200 g Halbweißmehl/Mehltype 720
oder 200 g Ruchmehl/Mehltype 1050
(oder halb/halb)
½ TL Meersalz
60 g kalte Butter
150 g Magerquark

Mehl und Salz in einer Schüssel mischen. Kalte Butter in kleine Stücke schneiden, mit dem Mehl zwischen den Fingern krümelig reiben. Quark beigeben, rasch zu einem Teig zusammenfügen, nicht kneten. Zugedeckt mindestens 30 Minuten kühl stellen.

Quark-Vollkorn-Mürbeteig

200 g Weizen- oder Dinkelvollkornmehl
½ TL Salz
60 g kalte Butter
175 g Magerquark
1–2 EL Wasser

Mehl und Salz in einer Schüssel mischen. Kalte Butter in kleine Stücke schneiden, mit dem Mehl zwischen den Fingern krümelig reiben. Quark und Wasser beigeben, rasch zu einem Teig zusammenfügen, nicht kneten. Zugedeckt mindestens 1 Stunde kühl stellen.

Süßer Quark-Mürbeteig

250 g Halbweißmehl/Mehltype 720
oder 250 g Ruchmehl/Mehltype 1050
(oder halb/halb)
1 Prise Salz
75 g kalte Butter
3 EL Birnel/Birnendicksaft
100 g Magerquark
1 Freilandei

Mehl und Salz in einer Schüssel mischen. Kalte Butter in kleine Stücke schneiden, mit dem Mehl zwischen den Fingern krümelig reiben. Birnel, Quark und Ei beigeben, rasch zu einem Teig zusammenfügen, nicht kneten. Zugedeckt mindestens 30 Minuten kühl stellen.

Süßer Quark-Vollkorn-Mürbeteig

200 g Weizen- oder Dinkelvollkornmehl
1 Prise Salz
1 TL Bourbon-Vanillezucker
60 g kalte Butter
150 g Magerquark
50 g flüssiger heller
Blütenhonig

Mehl, Salz und Vanillezucker in einer Schüssel mischen. Kalte Butter in kleine Stücke schneiden, mit dem Mehl zwischen den Fingern krümelig reiben. Quark und Honig beigeben, rasch zu einem Teig zusammenfügen, nicht kneten. Zugedeckt mindestens 1 Stunde kühl stellen.

Knusper-Mürbeteig mit Butter

180 g Weizen- oder Dinkelvollkornmehl
40 g Vollkornreismehl
1 Prise Salz
50 g kalte Butter
150 g Magerquark

Mehl und das Salz in einer Schüssel mischen. Kalte Butter in kleine Stücke schneiden, mit dem Mehl zwischen den Fingern krümelig reiben. Quark beigeben, rasch zu einem Teig zusammenfügen, nicht kneten. Zugedeckt mindestens 1 Stunde kühl stellen.

Knusper-Mürbeteig (cholesterinarm)

180 g Weizen- oder Dinkelvollkornmehl
40 g Vollkornreismehl
1 Prise Salz
6 EL Maiskeimöl
1,2 dl/120 ml Wasser

Mehle und Salz in einer Schüssel mischen, eine Vertiefung formen. Öl und Wasser in die Vertiefung gießen, zu einem Teig zusammenfügen, nicht kneten. Zugedeckt mindestens 1 Stunde kühl stellen.

Blätterteig

Die Herstellung von Blätterteig ist zeit-, aber nicht unbedingt arbeitsaufwändig. Den Zeitpunkt der einzelnen Touren kann man selber bestimmen; wichtig ist, dass der Teig zwischen den Touren mindestens 30 Minuten kühl gestellt wird. Der Teig darf ohne weiteres auch ein paar Stunden oder über Nacht ruhen. Die Teigreste sollten nie verknetet, sondern flach neben- oder aufeinander gelegt und nochmals ausgerollt werden. Um ein Austrocknen im Kühlschrank zu vermeiden, den Blätterteig immer satt in Klarsichtfolie oder in einen aufgeschnittenen sauberen Plastikbeutel einschlagen. Es lohnt sich, gleich die doppelte Teigmenge herzustellen.
Dies erfordert keine Mehrarbeit. Satt in eine Folie oder in einen Plastikbeutel eingepackt (mit Datum und Gewichtsangabe versehen), kann der Blätterteig im Tiefkühler bis zu 6 Monaten gelagert werden. Zum Auftauen die Folie entfernen, den Teig in ein Küchentuch einwickeln und im Kühlschrank auftauen lassen. Nicht mehr einfrieren!

Vollkorn-Blätterteig

200 g Weizen- oder Dinkelvollkornmehl
1 TL Salz
120 g kalte Butter
150 g Magerquark

Mehl und Salz in einer Schüssel mischen. Kalte Butter in kleine Stücke schneiden, mit dem Mehl zwischen den Fingern krümelig reiben. Quark beigeben, rasch zu einem Teig zusammenfügen, nicht kneten. Den Teig flach drücken und 1 Stunde kühl stellen. Damit der Teig blättrig wird, muss man ihn einige Male ausrollen und wieder zusammenfalten. 1. Tour: **Den Teig 3 mm dick rechteckig ausrollen, dann exakt in 3 Teile falten. Nun 30 Minuten kühl stellen.** 2. Tour: **Bruchkanten des Teiges liegen rechts und links. Teig nochmals rechteckig ausrollen, falten. Erneut 30 Minuten kühl stellen. Nochmals 2 Touren geben und immer wieder kühl stellen. Je mehr Touren man gibt, desto blättriger (luftiger) wird der Teig. Tipp: Den Teig kann man zwischen den Touren auch für kurze Zeit in den Tiefkühler legen.**

Heller Blätterteig

200 g Halbweißmehl/Mehltype 720
oder 200 g Ruchmehl/Mehltype 1050
(oder halb/halb)
½ TL Salz
100 g kalte Butter
120 g Magerquark

Mehl und Salz in einer Schüssel mischen. Kalte Butter in kleine Stücke schneiden, mit dem Mehl zwischen den Fingern krümelig reiben. Quark beigeben, rasch zu einem Teig zusammenfügen, nicht kneten. Den Teig flach drücken und 1 Stunde kühl stellen. Damit der Teig blättrig wird, muss man ihn einige Male ausrollen und wieder zusammenfalten. Siehe Vollkorn-Blätterteig 1. Tour und folgende.

Blitzteig für Eilige

Blitzteig mit Butter

250 g Halbweißmehl/Mehltype 720
oder 250 g Ruchmehl/Mehltype 1050
(oder halb/halb)
½ TL Salz
90 g Butter
1¼ dl/125 ml Wasser

Mehl und Salz in einer Schüssel mischen und eine Vertiefung formen. Butter in einem Pfännchen bei niedriger Temperatur schmelzen, das Wasser beifügen. Die Flüssigkeit in die Vertiefung gießen, mit dem Teiglöffel zu einem Teig rühren, nicht kneten. Den Teig flach drücken und eine Stunde zugedeckt kühl stellen.

Blitzteig mit Öl

250 g Halbweißmehl/Mehltype 720
oder
250 g Vollkornmehl
1 TL Salz
1½ dl/150 ml Wasser
1 dl/100 ml Maiskeimöl

Mehl und Salz in einer Schüssel mischen und eine Vertiefung formen. Wasser aufkochen und beiseite stellen, Öl dazu gießen, mit dem Stabmixer kurz rühren; die Flüssigkeit emulgiert und wird milchig weiß. Sofort in die Mehlvertiefung gießen, mit dem Teiglöffel zu einem Teig rühren, nicht kneten. Den Teig etwas auskühlen lassen, dann zwischen zwei Klarsichtfolien auf Formgröße ausrollen. Eine Folie entfernen, den Teig in die eingefettete Form stürzen und die zweite Folie entfernen. Kann sofort gebacken werden; oder in den Kühlschrank stellen.

Pikante Wähen

Birnen-Gorgonzola-Wähe

für eine runde Form von 28 cm ø

1 Portion Mürbeteig, Seite 15

Belag
4–5 feste Birnen
wenig frisch gepresster Zitronensaft

Guss
2 Freilandeier
½ dl/50 ml Milch
50 g geriebener Sbrinz
200 g Gorgonzola
frisch gemahlener Pfeffer
frisch geriebene Muskatnuss

1 Hand voll Baumnuss-/ Walnusskerne

1
Den Teig ausrollen und in die eingefettete Form legen.

2
Den Backofen auf 220 °C vorheizen.

3
Die Eier mit der Milch verrühren. Den Sbrinz und den mit einer Gabel zerdrückten Gorgonzola zugeben und gut verrühren. Mit Pfeffer und Muskatnuss würzen.

4
Die Birnen schälen, halbieren und entkernen. Die Fruchthälften auf der runden Seiten einige Male tief einschneiden, jedoch nicht durchschneiden (siehe Bild), auf den Teig legen, mit wenig Zitronensaft beträufeln. Gorgonzola-Guss zwischen die Birnen verteilen. Mit den Baumnüssen garnieren.

5
Birnen-Gorgonzola-Wähe in der unteren Hälfte in den Backofen schieben, bei 220 °C etwa 30 Minuten backen.

Variante
Gorgonzola durch Roquefort ersetzen.

Lauch-Nuss-Wähe

für eine runde Form von 26 bis 28 cm ø

1 Portion Blätterteig, Seite 20

2 EL Olivenöl extra nativ
1 Knoblauchzehe
500 g Lauch
1 roter Peperoni/Paprikaschote
½ dl/50 ml Weißwein

Guss
2 Freilandeier
2 dl/200 ml saurer Halbrahm/ saure Sahne
1 EL fein gehackter Thymian
Salz
frisch gemahlener Pfeffer
frisch geriebene Muskatnuss

1 Hand voll Baumnuss-/ Walnusskerne, gehackt

1
Den Teig ausrollen und in die eingefettete Form legen, mit einer Gabel einige Male einstechen.

2
Den Backofen auf 220 °C vorheizen.

3
Den Knoblauch schälen und fein hacken. Das äußere Blatt beim Lauch entfernen, längs aufschneiden und quer in Streifen schneiden. Die Peperoni halbieren, Stielansatz und Kerne entfernen, die Fruchthälften klein würfeln. Knoblauch und Gemüse im Olivenöl leicht andünsten, den Weißwein zugeben, einige Minuten dünsten.

4
Eier, Sauerrahm und Thymian verrühren, mit Salz, Pfeffer und Muskatnuss würzen.

5
Das Gemüse auf dem Teigboden verteilen, den Guss darüber gießen, mit den Nüssen bestreuen.

6
Lauch-Nuss-Wähe in der unteren Hälfte in den Backofen schieben, bei 220 °C 30 bis 35 Minuten backen.

Röstiwähe mit grünen Erbsen

für eine runde Form von 28 cm ø

1 Portion Quark-Mürbeteig, Seite 16

Füllung
2 Freilandeier
2½ dl/250 ml Rahm/Sahne
Salz
frisch gemahlener Pfeffer
frisch geriebene Muskatnuss
700 g gekochte Gschwellti/ Schalenkartoffeln vom Vortag
200 g frische oder tiefgekühlte grüne Erbsen
1 kleine Zwiebel, fein gehackt

1
Den Backofen auf 150 °C vorheizen.

2
Eier und Rahm verrühren, mit Salz, Pfeffer und Muskatnuss würzen. Kartoffeln schälen und auf der Röstiraffel zum Guss reiben, Erbsen und Zwiebeln zufügen, gut mischen und 5 bis 10 Minuten stehen lassen.

3
Den Teig ausrollen, in die eingefettete Form legen. Die Kartoffelmasse darauf verteilen.

4
Die Röstiwähe in der Mitte in den Backofen schieben, bei 150 °C 35 bis 40 Minuten backen.

Zucchiniwähe

für eine runde Form von 28 cm ø

1 Portion Quark-Mürbeteig,
Seite 16

Belag
50 g geriebener Gruyère
2 EL Olivenöl extra nativ
1 mittelgroße Zwiebel
1 Knoblauchzehe
500–600 g Zucchini
Salz
frisch gemahlener Pfeffer

Guss
2 große Freilandeier
1½ dl/150 ml Rahm/Sahne
Salz
frisch gemahlener Pfeffer
frisch geriebene Muskatnuss

1
Den Teig ausrollen und in die eingefettete Form legen. Den geriebenen Käse auf den Teigboden verteilen.

2
Die Zwiebel und die Knoblauchzehe schälen und hacken. Die Zucchini beidseitig kappen, in 2 bis 3 mm dicke Scheiben schneiden. Die Zwiebeln und den Knoblauch im Olivenöl andünsten, Zucchini zufügen und unter vorsichtigem Wenden kurz mitdünsten, mit wenig Salz und Pfeffer würzen.

3
Den Backofen auf 200 °C vorheizen.

4
Eier und Rahm verrühren, mit Salz, Pfeffer und Muskatnuss würzen.

5
Die Hälfte der Zucchinischeiben auf dem Teigboden verteilen. Die Hälfte Guss darüber gießen. Die restlichen Zucchinischeiben gleichmäßig darauf verteilen, den restlichen Guss darüber gießen.

6
Die Zucchiniwähe in der unteren Hälfte in den Backofen schieben, bei 200 °C etwa 25 Minuten backen.

Variante
Zucchini durch gedämpften, gehackten Blattspinat ersetzen.

Bärlauch-Quiche mit Sesamsamen

für eine Form von 26 bis 28 cm ø oder
6 bis 8 Portionenförmchen

1 Portion Quark-Mürbeteig, Seite 16

Füllung
200 g junge Bärlauchblätter
1 Freilandei
2 dl/200 ml Naturjogurt
3 EL Sauerrahm/saure Sahne
150 g geriebener Gruyère
Meersalz
frisch geriebene Muskatnuss
Cayennepfeffer
Kardamompulver

1
Den Bärlauch waschen, tropfnass in den Kochtopf geben und bei starker Hitze zusammenfallen lassen, in ein Sieb geben, gut ausdrücken, abkühlen lassen und grob hacken.

2
Den Backofen auf 200 °C vorheizen.

3
Den Teig ausrollen und Rondellen in der Größe der Portionenformen ausstechen und in die eingefetteten Formen legen.

4
Ei, Jogurt und Sauerrahm verrühren, Bärlauch und Gruyère unterrühren, würzen. Auf die Formen verteilen.

5
Quiches im unteren Drittel in den Backofen schieben, bei 200 °C 25 bis 30 Minuten backen.

Käsewähe

für eine Form von 30 cm ø

1 Portion Quark-Mürbeteig,
Seite 16

1 große Zwiebel
150 g geriebener Gruyère
100 g geriebener Freiburger Vacherin
50 g geriebener Emmentaler Käse

Guss
2 Freilandeier
2 dl/200 ml Naturjogurt
1,2 dl/120 ml Milch
frisch gemahlener Pfeffer
Salz
frisch geriebene Muskatnuss

1
Den Teig rund ausrollen und in die eingefettete Form legen.

2
Den Backofen auf 220 °C vorheizen.

3
Die Zwiebel schälen und fein hacken.

4
Eier, Jogurt und Milch verrühren, mit Pfeffer, Salz und Muskatnuss würzen. Käse und Zwiebeln zufügen, gut mischen. Auf den Teigboden verteilen.

5
Die Käsewähe in der unteren Hälfte in den Backofen schieben, bei 220 °C rund 35 bis 40 Minuten backen.

Tipp
Die Zutaten reichen auch für 9 Käseküchlein von etwa 10 cm Durchmesser. Die Backzeit reduziert sich um etwa 10 Minuten.

Käse-Dörrbirnen-Wähe

für eine runde Form von 28 cm ø

1 Portion Quark-Mürbeteig,
Seite 16

Belag
6 EL gehackte Baumnuss-/
Walnusskerne
10 ganze Dörrbirnen

Guss
2 Freilandeier
2 dl/200 ml Rahm/Sahne
150 g geriebener Gruyère
frisch gemahlener Pfeffer
frisch geriebene Muskatnuss
1 Msp Paprikapulver

1
Die Dörrbirnen über Nacht in kaltem Wasser einweichen. Das Einweichwasser am nächsten Tag weggießen. Die Birnen längs halbieren.

2
Den Teig rund ausrollen und in die eingefettete Form legen. Die Nüsse auf den Teigboden verteilen.

3
Den Backofen auf 220 °C vorheizen.

4
Eier und Rahm verrühren, Gruyère zufügen, vermengen, mit Pfeffer, Muskatnuss und Paprika würzen.

5
Die Käsemasse in die Form füllen, die Birnen kreisförmig darauf legen.

6
Die Käse-Dörrbirnen-Wähe in der unteren Hälfte in den Backofen schieben, bei 200 °C 30 bis 35 Minuten backen.

Kürbis-Quiche mit Kräutern

für eine runde Form von 28 cm ø

1 Portion Blätterteig, Seite 20

ganze und gehackte geröstete Kürbiskerne

Füllung
2 EL Olivenöl extra nativ
1 Schalotte
1 große Knoblauchzehe
600 g mehliges Kürbisfleisch, z. B. Potimarron
1 EL gehackte Kräuter, z. B. Rosmarin, Thymian, Majoran, Ysop
Kräutermeersalz, Pfeffer

Guss
1 dl/100 g Rahm/süße Sahne
1 Becher (180 g) Crème fraîche
3 Freilandeier
Kräutermeersalz, Pfeffer
1 TL mittelscharfes Currypulver

1
Den Teig in das Kuchenblech legen und ausrollen. Die Kürbiskerne auf den Teigboden streuen.

2
Für die Füllung die Schalotte und die Knoblauchzehe fein hacken und das Kürbisfleisch auf der Röstiraffel grob raspeln. Alles im Olivenöl einige Minuten nicht zu weich dünsten, die Kräuter untermischen. Würzen.

3
Den Backofen auf 220 °C vorheizen.

4
Den Guss zubereiten.

5
Kürbismasse auf den Teigboden verteilen. Den Guss darüber gießen. Mit ganzen und gehackten Kürbiskernen bestreuen.

6
Die Quiche im vorgeheizten Backofen bei 220 °C 25 bis 30 Minuten backen.

Tipps
Die Quiche kann auch lauwarm oder kalt serviert werden. Am Tisch nach Belieben wenig Kürbiskernöl darüber träufeln.

Bunte Gemüsewähe

für 2 rechteckige Formen von ca. 14 cm Seitenlänge oder
eine runde Form von 28 cm ø

1 Portion Blitzteig, Seite 21

Belag
1½ dl/150 ml Gemüsebrühe
300 g Karotten
300 g Brokkoli
1 roter Peperoni/Paprikaschote
150 g frische oder eingelegte Zuckermaiskörner

Guss
2 Freilandeier
2 dl/200 ml Rahm/Sahne
3 EL geriebener Sbrinz
Salz
frisch gemahlener Pfeffer

1
Den Teig halbieren und rechteckig ausrollen, in die eingefetteten Formen legen.

2
Karotten schälen und in 3 mm dicke Scheiben schneiden. Den Brokkoli in kleine Röschen brechen. Peperoni vierteln, den Stielansatz und die Kerne entfernen, quer in 5 mm breite Streifen schneiden.

3
Den Backofen auf 200 °C vorheizen.

4
Die Gemüsebrühe erhitzen, Karotten, Brokkoli und Peperoni zugeben und einige Minuten köcheln lassen. Die Flüssigkeit sollte ganz verdunsten, ansonsten abgießen und für eine Sauce oder Suppe verwenden. Abkühlen lassen. Die Maiskörner untermischen.

5
Die Eier mit dem Rahm verrühren, den Käse unterrühren, mit Salz und Pfeffer würzen.

6
Das Gemüse auf den Teigboden verteilen, den Guss darüber gießen.

7
Die Gemüsewähe in der unteren Hälfte in den Backofen schieben, bei 200 °C 35 Minuten backen.

Edelstahl

Kartoffel-Tomaten-Wähe

für eine große rechteckige Form

2 Portionen Quark-Mürbeteig, Seite 16

Belag
600 g gekochte Gschwellti/ Schalenkartoffeln vom Vortag
600 g mittelgroße Fleischtomaten
250 g Raclettekäse am Stück

Guss
2 Freilandeier
4 dl/400 ml Rahm/Sahne
einige Thymianzweiglein
Salz
frisch gemahlener Pfeffer
frisch geriebene Muskatnuss

1
Den Teig ausrollen, in die eingefettete Form legen.

2
Den Backofen auf 220 °C vorheizen.

3
Die Kartoffeln schälen und in 5 mm dicke Scheiben schneiden. Den Stielansatz bei den Tomaten kreisförmig herausschneiden, die Gemüsefrüchte halbieren und in 5 mm dicke Scheiben schneiden. Den Raclettekäse in 4 x 4 cm große und 3 mm dicke Scheiben schneiden.

4
Eier und Rahm verrühren. Thymianblättchen von den Stielen zupfen, unter den Guss rühren, mit Salz, Pfeffer und Muskatnuss würzen.

5
Kartoffeln, Tomaten und Käse abwechslungsweise ziegelartig auf den Teigboden verteilen, mit wenig Salz und Pfeffer würzen. Den Guss darüber gießen.

6
Kartoffeln-Tomaten-Wähe in der unteren Hälfte in den Backofen schieben und bei 220 °C ewa 30 Minuten backen. Während der letzten 10 Minuten backen die Temperatur auf 200 °C reduzieren.

Schnelle Tomatenwähe

für eine runde Form von 28 cm ø

1 Portion Blätterteig, Seite 20

Guss
2 Freilandeier
200 g Kräuter-Knoblauch-Frischkäse, z. B. Cantadou
200 g Magerquark
½ Bund Kerbel
½ Bund Schnittlauch
einige Basilikumblätter
Salz
frisch gemahlener Pfeffer

Belag
ca. 500 g Cherrytomaten

1
Den Teig ausrollen und in die eingefettete Form legen.

2
Den Backofen auf 200 °C vorheizen.

3
Eier, Frischkäse und Magerquark verrühren. Die Kräuter fein schneiden und zufügen, den Guss mit Salz und Pfeffer würzen und auf dem Teigboden verteilen.

4
Cherrytomaten halbieren, den Stielansatz entfernen, mit der Schnittfläche oben in die Form legen, mit wenig Salz würzen.

5
Die Tomatenwähe in der unteren Hälfte in den Backofen schieben, bei 200 °C 35 bis 40 Minuten backen.

Variante
Vor dem Backen zwei Esslöffel geriebenen Sbrinz oder Parmesan über die Tomaten streuen.

Kartoffel-Lauch-Wähe

für eine runde Form von 28 cm ø

1 Portion Blitzteig, Seite 21

2 EL geriebener Gruyère

Belag
2 EL Olivenöl extra nativ
1 mittelgroße Zwiebel
2 Knoblauchzehen
250 g Lauch
½ dl/50 ml Gemüsebrühe
500 g gekochte Gschwellti/
Schalenkartoffeln vom Vortag

Guss
2 Freilandeier
3 dl/300 ml Sauerrahm/saure Sahne
1 Bund Petersilie
Salz
frisch gemahlener Pfeffer
frisch geriebene Muskatnuss

1
Den Teig ausrollen und in die eingefettete Form legen. Den Gruyère auf den Teigboden verteilen.

2
Die Zwiebel und die Knoblauchzehen schälen und fein hacken. Beim Lauch das äußere Blatt entfernen, die Stangen längs halbieren, in feine Streifen schneiden. Zwiebeln, Knoblauch und Lauch im Olivenöl andünsten, die Gemüsebrühe zugeben, kurz köcheln lassen. Die Flüssigkeit sollte vollständig verdunsten.

3
Den Backofen auf 220 °C vorheizen.

4
Die Kartoffeln schälen und auf der Röstiraffel reiben.

5
Die Eier und den Sauerrahm verrühren, die Petersilie fein hacken und unterrühren, mit Salz, Pfeffer und Muskatnuss würzen.

6
Das Zwiebel-Lauch-Gemüse mit dem Guss vermengen, auf dem Teigboden verteilen.

7
Die Kartoffel-Lauch-Wähe in der unteren Hälfte in den Backofen schieben, bei 220 °C 35 bis 40 Minuten backen.

Zwiebelwähe

für eine runde Form von 28 cm ø

1 Portion Quark-Mürbeteig,
Seite 16

Belag
1 EL Bratbutter/Butterschmalz
800 g Zwiebeln
1 EL Mehl

Guss
1 dl/100 ml Milch
150 g Rahm-/Sahnequark
1 Freilandei
Salz
frisch gemahlener Pfeffer
frisch geriebene Muskatnuss
1 Prise Paprikapulver

1
Den Teig rund ausrollen und in die eingefettete Form legen.

2
Die Zwiebeln schälen und in feine Scheiben schneiden. Die Bratbutter erhitzen, die Zwiebeln zufügen und andünsten, bei schwacher Hitze zugedeckt 10 Minuten dünsten, mit dem Mehl bestäuben, mischen, auskühlen lassen.

3
Den Backofen auf 200 °C vorheizen.

4
Milch, Quark und Ei verrühren, mit Salz, Pfeffer, Muskatnuss und Paprika würzen.

5
Die Zwiebeln mit dem Guss vermengen, auf dem Teigboden verteilen.

6
Die Zwiebelwähe in der unteren Hälfte in den Backofen schieben, bei 220 °C 35 Minuten backen.

Variante
Etwa 100 g Speckwürfelchen mit den Zwiebeln andünsten und mitdünsten.

Fischwähe

für eine Form von 28 cm ø

1 Portion Mürbeteig, Seite 15

Belag

250 g geräucherte Fischfilets, z. B. Forellen, Lachs
1 EL Butter
1 mittelgroße Zwiebel
1 großer Lauch
2 Karotten
½ dl/50 ml Gemüsebrühe
Salz
frisch gemahlener Pfeffer

Guss

2 Freilandeier
1 dl/100 ml Weißwein oder Apfelwein
2 dl/200 ml Rahm/Sahne
Salz
frisch gemahlener Pfeffer

1

Zwiebel schälen und fein hacken. Beim Lauch das äußere Blatt entfernen, die Stange längs aufschneiden, die Hälften quer in Streifchen schneiden. Karotten schälen und klein würfeln. Zwiebeln, Lauch und Karotten in der Butter andünsten und mit der Gemüsebrühe ablöschen. Einige Minuten köcheln lassen, mit Salz und Pfeffer würzen, abkühlen lassen.

2

Eier, Weißwein und Rahm verrühren, mit Salz und Pfeffer würzen.

3

Den Backofen auf 220 °C vorheizen.

4

Den Teig rund ausrollen, in die eingefettete Form legen. Die Forellenfilets in Streifen schneiden, auf den Teigboden verteilen, mit dem Gemüse bedecken, den Guss darüber gießen.

5

Fischwähe auf der untersten Schiene in den Backofen schieben, bei 220 °C 30 Minuten backen.

Spinatküchlein mit Lachs

für 8 bis 10 Portionenförmchen
oder eine runde Form von 28 cm ø

1 Portion Blätterteig, Seite 20

500 g Spinat
30 g Butter
1 mittelgroße Zwiebel
150 g Lachsfilet
80 g Mascarpone
80 g Ricotta
2 Eigelbe von Freilandeiern
1 Prise frisch geriebene Muskatnuss
Salz
frisch gemahlener Pfeffer

1
Den Spinat tropfnass in den Kochtopf geben und bei starker Hitze zusammenfallen lassen, in ein Sieb geben und gut ausdrücken.

2
Die Hälfte des Lachs fein hacken. Rest für die Garnitur in Streifchen schneiden.

3
Zwiebel fein hacken, in der Butter andünsten, den Spinat und den gehackten Lachs zufügen, vermengen. Von der Wärmequelle nehmen, etwas abkühlen lassen. Mascarpone, Ricotta und Eigelbe unterrühren. Würzen.

4
Den Backofen auf 200 °C vorheizen.

5
Den Blätterteig ausrollen und Rondellen in der Größe der Förmchen ausstechen. In die eingefetteten Förmchen legen. Mit der Spinatmasse füllen und mit den Lachsstreifchen garnieren.

6
Die Förmchen in der Mitte in den Backofen schieben, die Spinatküchlein bei 200 °C 30 Minuten backen.

Süße Wähen

Apfelwähe

für eine runde Form von 28 cm ø

1 Portion Quark-Mürbeteig, Seite 16

Belag
50 g geriebene Haselnüsse
4–5 große Äpfel

Guss
1 Freilandei
2 dl/200 ml Rahm/Sahne
2 EL Birnel/Birnendicksaft

1
Den Backofen auf 200 °C vorheizen.

2
Den Teig ausrollen und in die eingefettete Form legen. Die Haselnüsse auf den Teigboden streuen.

3
Ei, Birnel und Rahm verrühren.

4
Die Äpfel schälen, vierteln und entkernen, die Fruchtviertel in feine Scheiben schneiden, kreisförmig auf den Teigboden legen.

5
Die Apfelwähe in der unteren Hälfte in den Backofen schieben, bei 200 °C 10 Minuten backen. Den Guss darüber gießen. Weitere 30 Minuten bei 200 °C backen.

Variante
Äpfel durch Birnen ersetzen.

Aprikosenwähe

für eine große recheckige Form

2 Portionen Quark-Mürbeteig, Seite 16, oder süßer Kokosnuss-Mürbeteig, Seite 15

Belag
100 g geriebene Mandeln
1,5–2 kg reife, süße Aprikosen

Guss
4 Freilandeier
4 dl/400 ml Rahm
4 EL Birnel/Birnendicksaft

100 g Mandelstifte

1
Den Backofen auf 200 °C vorheizen.

2
Den Teig rechteckig ausrollen, in die eingefettete Form legen. Die Mandeln auf den Teigboden streuen.

3
Die Aprikosen halbieren und entsteinen, den Stielansatz entfernen, die Fruchthälften je nach Größe halbieren oder vierteln. Die Aprikosenschnitze im Kreis und dicht nebeneinander auf den Teigboden legen.

4
Eier, Rahm und Birnel verrühren, über die Aprikosen gießen, mit den Mandelstiften bestreuen.

5
Die Aprikosenwähe in der unteren Hälfte in den Backofen schieben und bei 200 °C etwa 40 Minuten backen. Wenn die Mandeln zu braun werden, mit Folie abdecken.

Variante
Birnel durch ein Briefchen Bourbon-Vanillezucker ersetzen.

Tipp
Für eine runde Form von 28 cm Durchmesser die Mengen halbieren.

Apfelwähe mit Rosinen

für eine Form von 24 cm ø

1 Portion süßer Quark-Mürbeteig,
Seite 17

Belag
100 g Rosinen
4–5 Äpfel
2–3 EL flüssiger Honig

1
Den Backofen auf 250 °C vorheizen.

2
Den Teig ausrollen, in die eingefettete Form legen. Mit den Rosinen bedecken.

3
Die Äpfel schälen, vierteln und entkernen, die Fruchtviertel quer in nicht zu feine Scheiben schneiden, mit dem Honig 2 Minuten dünsten, auskühlen lassen. Auf die Rosinen verteilen.

4
Apfelwähe im unteren Drittel in den Backofen schieben, bei 250 °C etwa 15 Minuten backen, sofort aus der Form nehmen, auf einem Kuchengitter erkalten lassen.

Beerenwähe

für eine runde Form von 28 cm ø

1 Portion Quark-Mürbeteig, Seite 16, oder süßer Kokosnuss-Mürbeteig, Seite 15

Belag
3 EL geriebene Mandeln oder feine Haferflocken
500 g Brombeeren und Himbeeren gemischt

Guss
2 Freilandeier
200 g Vollmilch- oder Rahm-/Sahnequark
2–3 EL Akazienhonig
1 Briefchen Bourbon-Vanillezucker

1
Den Backofen auf 200 °C vorheizen.

2
Eier, Quark, Honig und Vanillezucker verrühren.

3
Den Teig ausrollen und in die eingefettete Form legen, die Mandeln oder Haferflocken auf den Teigboden streuen, die Beeren darauf verteilen. Den Guss über die Beeren gießen.

4
Die Beerenwähe in der unteren Hälfte in den Backofen schieben, bei 200 °C rund 35 Minuten backen.

Tipps
Bei Verwendung von tiefgekühlten Beeren den Teigboden zuerst rund 10 Minuten blind backen (siehe Seite 10) und die Beeren gefroren auf den Teigboden verteilen. Ohne Blindbacken wird der Teigboden weniger dicht mit den gefrorenen Beeren belegt. Beerenwähe die ersten 10 Minuten ohne Guss backen.

Johannisbeerwähe

für eine runde Form von 28 cm ø

1 Portion Quark-Mürbeteig,
Seite 16

Belag
70 g geschälte, geriebene Mandeln
400 g gut reife, süße rote Johannisbeeren

Guss
2 Freilandeier
2 dl/200 ml Sauerrahm/saure Sahne
2 EL Zucker
1 EL Bourbon-Vanillezucker

1
Den Backofen auf 200 °C vorheizen.

2
Den Teig rund ausrollen und in die eingefettete Form legen. Die Mandeln auf den Teigboden streuen.

3
Die gewaschenen Johannisbeeren von den Stielen streifen, auf den Teigboden verteilen.

4
Eier, Sauerrahm, Zucker und Vanillezucker verrühren, über die Beeren verteilen.

5
Die Johannisbeerwähe in der unteren Hälfte in den Backofen schieben, bei 200 °C 35 bis 40 Minuten backen. Gegen Ende der Backzeit eventuell mit einer Folie abdecken. Den Kuchen vor dem Anschneiden auskühlen lassen.

Variante
Vier reife Pfirsiche in einem Schaumlöffel einzeln kurz in kochendes Wasser tauchen, die Haut abziehen, die Früchte halbieren und entsteinen, den Stielansatz entfernen und auf der runden Seite mehrmals tief einschneiden (nicht durchschneiden). Mit der Rundung nach oben in die Form legen, die Hälfte der Johannisbeeren, in die Zwischenräume verteilen. Guss darüber gießen. Eine köstliche Abwandlung!

Kirschenwähe

für eine Form von 28 cm ø

1 Portion Quark-Mürbeteig, Seite 16

Belag
50 g geriebene Haselnüsse
700 g entstielte süße Kirschen

Guss
2 Freilandeier
2 dl/200 ml Rahm/süße Sahne
2 EL feiner Zucker

1
Den Backofen auf 220 °C vorheizen.

2
Eier, Rahm und Zucker verrühren.

3
Den Teig ausrollen und in die eingefettete Form legen. Die Haselnüsse auf den Teigboden streuen. Die Kirschen darauf verteilen.

4
Die Kirschenwähe in der unteren Hälfte in den Backofen schieben, bei 220 °C 10 Minuten backen. Den Guss in die Form gießen. Die Kirschenwähe weitere 25 bis 30 Minuten bei 200 °C backen.

Variante
Den Guss mit Sauerrahm/saurer Sahne, Ziegenfrischkäse, Vanillezucker und einer Prise Zimt zubereiten.

Zweifarbiger Weintraubenkuchen

für eine Form von 26 cm ø

1 Portion Quark-Mürbeteig, Seite 16

Belag
400 g gemischte blaue und weiße Traubenbeeren

Guss
1 Freilandei
2 EL Zucker
1 Vanilleschote
½ dl/50 ml Weißwein

1
Den Teig ausrollen und in die eingefettete Form legen.

2
Den Backofen auf 200 °C vorheizen.

3
Die Traubenbeeren mit scharfem Messer halbieren und entkernen. Nach Farben getrennt mit der Schnittfläche unten kreisförmig auf den Teigboden legen.

4
Das Ei und den Zucker luftig aufschlagen. Die Vanilleschote aufschneiden, das Mark abstreifen und zur Eiermasse geben, den Weißwein unterrühren. Den Guss über die Beeren verteilen.

5
Den Weintraubenkuchen in der unteren Hälfte in den Backofen schieben, bei 200 °C etwa 35 Minuten backen.

Tipp
Wenn die Weintraubenbeeren keine Kerne haben, können sie auch ganz verwendet werden.

Limettenkuchen

für eine Form von 24 cm ø

1 Portion süßer Quark-Mürbeteig, Seite 17, oder süßer Kokosnuss-Mürbeteig, Seite 15

Belag
4 Eigelbe von Freilandeiern
4 EL Zucker
200 g Crème fraîche
1 dl/100 ml Rahm/Sahne
2 TL Maisstärke
3 Limetten, abgeriebene Schale und Saft von 2 Limetten
4 Eiweiß
1 Msp Salz

Limettenzesten für die Garnitur

1
Den Backofen auf 200 °C vorheizen.

2
Teig ausrollen und in die eingefettete Form legen. 15 Minuten kühl stellen. Mit einer Rondelle aus Backpapier belegen und dann mit einem zweiten Blech beschweren. Bei 200 °C 8 Minuten backen. Aus dem Ofen nehmen, das Blech und das Backpapier entfernen, auskühlen lassen.

3
Den Backofen auf 150 °C zurückschalten.

4
Für den Belag Eigelbe mit dem Zucker aufschlagen, bis die Masse hell ist, etwa 3 Minuten. Crème fraîche unterrühren. Den Rahm und die Maisstärke glatt rühren, zur Eigelbmasse geben. Die Limettenschalen und den Limettensaft unterrühren. Das Eiweiß mit dem Salz steif schlagen und behutsam unter die Eigelbmasse ziehen. Nun auf den vorgebackenen Teigboden gießen.

5
Den Limettenkuchen in der Mitte in den Backofen schieben, bei 150 °C rund 25 Minuten backen. Im ausgeschalteten, leicht geöffneten Backofen 15 Minuten ruhen lassen, herausnehmen und auskühlen lassen. Mit den Limettenzesten garnieren.

Ananas-Kokosnuss-Kuchen

für eine runde Form von 28 cm ø

1 Portion süßer Quark-Mürbeteig, Seite 17, oder süßer Kokosnuss-Mürbeteig, Seite 15

Belag
1 mittelgroße Ananas
(300 g Fruchtfleisch)

Guss
2 Freilandeier
70 g gesiebter Vollrohrzucker
1 unbehandelte Zitrone, abgeriebene Schale
200 g Blanc battu
2 dl/200 ml Rahm/Sahne
100 g Kokosnussflocken

2 EL gehackte Pistazien

1
Den Teig ausrollen und in die eingefettete Form legen.

2
Den Backofen auf 200 °C vorheizen.

3
Ananas schälen, die Noppen mit einem spitzen Messer ausstechen. Die Frucht in Scheiben schneiden, den harten Strunk herausschneiden, das Fruchtfleisch klein würfeln, auf den Teigboden verteilen.

4
Die Eier und den Zucker verrühren, mit dem Handrührgerät luftig aufschlagen, bis die Masse hell und cremig ist. Nun Zitronenschalen, Blanc battu, Rahm und Kokosnussflocken unterrühren und auf die Ananaswürfelchen verteilen.

5
Ananas-Kokosnuss-Kuchen in der unteren Hälfte in den Backofen schieben, zuerst 20 Minuten bei 200 °C, dann 15 Minuten bei 180 °C backen. Mit den gehackten Pistazien bestreuen.

Kürbis-Quiche mit Cashewnüssen

für eine Form von 26 cm ø

1 Portion süßer Mürbeteig,
Seite 17

Belag
700 g mehliger Kürbis
200 g Crème fraîche
2 dl/200 ml Rahm/Sahne
100–150 g flüssiger geschmacksneutraler Honig, z. B. Akazienblütenhonig
3–4 Freilandeier, je nach Größe
2 Eigelbe von Freilandeiern
Zimt-, Ingwer- und Nelkenpulver
1 unbehandelte Orange, abgeriebene Schale
120 g grob gehackte Cashewnüsse

1
Den Kürbis schälen und klein würfeln, über Dampf weich garen, pürieren. Das Püree in einem feinmaschigen Sieb gut abtropfen lassen.

2
Den Backofen auf 230 °C vorheizen.

3
Den Teig ausrollen, in die eingefettete Form legen.

4
Crème fraîche, Rahm, Honig, Eier und Eigelbe gut verrühren, das Kürbispüree unterrühren, würzen. Die Orangenschalen und die Nüsse unterrühren. Auf den Teigboden gießen.

5
Kürbisquiche in der Mitte in den Backofen schieben, bei 230 °C 10 Minuten backen, dann den Backofen auf 190 °C zurückschalten und Quiche weitere 40 Minuten backen.

Appenzeller Rahmfladen

für eine Form von 28 cm ø

1 Portion süßer Quark-Mürbeteig, Seite 17

2 EL geriebene Mandeln
30 g Rosinen

3 Eiweiß von Freilandeiern
1 Prise Salz
3 Eigelbe
50 g gesiebter Vollrohrzucker
30 g weiche Butter
3 EL Mehl
3 dl/300 ml Rahm/Sahne
1 Msp Zimtpulver

wenig Puderzucker

1
Den Teig ausrollen und in die eingefettete Form legen. Die Mandeln auf den Teigboden streuen, die Rosinen darauf verteilen.

2
Den Backofen auf 200 °C vorheizen.

3
Eiweiß mit der Prise Salz steif schlagen, kühl stellen.

4
Eigelbe und Vollrohrzucker luftig aufschlagen, die Butter nach und nach unterrühren. Mehl, Rahm und Zimtpulver unterrühren, den Eischnee behutsam unterziehen. Die Masse auf den Teigboden verteilen.

5
Rahmfladen in der Mitte in den Backofen schieben, bei 200 °C rund 40 Minuten backen. Mit Puderzucker bestäuben.

Variante
Rahmfladen vor dem Backen mit den geschälten, fein gehackten Mandeln bestreuen.